Anonym

Innerbetriebliche Logistik

GRIN Verlag

Bibliografische Information der Deutschen Nationalbibliothek:

Die Deutsche Bibliothek verzeichnet diese Publikation in der Deutschen National-bibliografie; detaillierte bibliografische Daten sind im Internet über http://dnb.d-nb.de/ abrufbar.

Impressum:

Copyright © 2006 GRIN Verlag GmbH
Druck und Bindung: Books on Demand GmbH, Norderstedt Germany
ISBN: 978-3-656-75629-3

Dieses Buch bei GRIN:

http://www.grin.com/de/e-book/281242/innerbetriebliche-logistik

GRIN - Your knowledge has value

Der GRIN Verlag publiziert seit 1998 wissenschaftliche Arbeiten von Studenten, Hochschullehrern und anderen Akademikern als eBook und gedrucktes Buch. Die Verlagswebsite www.grin.com ist die ideale Plattform zur Veröffentlichung von Hausarbeiten, Abschlussarbeiten, wissenschaftlichen Aufsätzen, Dissertationen und Fachbüchern.

Besuchen Sie uns im Internet:

http://www.grin.com/

http://www.facebook.com/grincom

http://www.twitter.com/grin_com

1. Begriff der Logistik

1.1. Definitionen

Eine mögliche Definition des Begriffs Logistik ist die der Anwendung der sechs R: Die richtige Menge der richtigen Güter zur richtigen Zeit in der richtigen Qualität zu den richtigen Kosten am richtigen Ort. Häufig wird auch noch ein siebtes R in diese Aufzählung mit aufgenommen: mit der richtigen Information für alle Beteiligten.

Konkreter wird Logistik definiert als integrierte Planung, Organisation, Steuerung, Abwicklung und Kontrolle des gesamten Material- und Warenflusses mit den damit verbundenen Informationsflüssen, beginnend beim Lieferanten, durch die eigenen betrieblichen Wertschöpfungsstufen, bis zur Auslieferung der Produkte beim Kunden, inklusive der Abfallentsorgung und des Recyclings.

1.2. Ursprung

Aus dem französischen Militärwesen (1638) ist der Titel „major general des logis" bekannt.

Henrei Jormini beschrieb in seinem Werk „Abriss der Kriegskunst" Logistik als Form des Quartier machens und der Truppenversorgung.

Die Logistik selbst spielte bereits bei dem amerikanischen Freiheitskrieg eine Rolle. Sowohl bei der Marine als auch bei der Armee verstand man darunter navigieren und versorgen der Flotte bzw. Truppe. Die USA hat ab dem 2.Weltkrieg den Begriff ins Heer und die Luftwaffe übernommen.

Ursprünglich als Hauptfunktion der Materialwirtschaft verstanden, wird Logistik heute als flussorientierte betriebliche Querschnittsfunktion über die Bereiche Beschaffung, betriebliche Leistungserstellung und Absatz gesehen.

1.3. Aufgaben

In den Ursprüngen umfasst die Logistik die klassischen TUL-Prozesse Transport, Umschlag, Lagerung.

Eine der wichtigsten Aufgaben der Logistik ist der Transport. Logistik ist verantwortlich für den Transport vom Hersteller zum Unternehmen, den innerbetrieblichen Transport, sowie den Transport zum Kunden. Sie ist damit stark abhängig von einer ausgebauten und effizienten Verkehrsinfrastruktur.

Weitere Funktionsbereiche sind:
- Warenprüfung und Handhabung
- Lagerung und Kommissionierung
- Verpackung
- Steuerung und Planung der Produktionsabläufe
- Koordination der Prozessdurchführung

1.4. Kosten

Der Anteil der Logistik an den Gesamtkosten ist nicht unerheblich. Die meisten Kosten werden hierbei von Transport und Lager eingenommen. Logistikkosten sind jedoch branchenabhängig. Hohe Logistikkosten finden sich beispielsweise in der Konsumgüterindustrie. Ebenso sind die Logistikkosten vom volkswirtschaftlichem Entwicklungsgrad abhängig. So beträgt z.B. der Anteil der Logistikkosten am Bruttoinlandsprodukt bei Schwellenländern 20% (Industrieländer weniger als 5%). Häufig fehlt es bei der Ausgestaltung der Logistik noch an der Ausgestaltung von Anreizen (Personalführung).

2. Teilbereiche der Logistik

2.1. Beschaffungslogistik

Der Begriff Beschaffungslogistik als Teil der Beschaffung und der Logistik bezeichnet in der Betriebswirtschaftslehre den Prozess des Wareneinkaufs bis zum Transport des Materials zum Eingangslager oder zur Produktion.

Ihre Aufgabe ist es, die mengen-, termin- und qualitätsgerechte Materialversorgung zu garantieren. Mit Hilfe der Beschaffungslogistik soll die Kette zwischen der Übernahme der Materialien vom Hersteller und der Übergabe an den Kunden optimiert werden.

Der Beschaffungslogistik fällt eine besondere Rolle im Rahmen der optimalen Versorgung der Kunden zu. Die Beschaffung steht am Anfang der logistischen Kette und damit auch am Beginn der Steuerung der Materialflüsse. Mit Hilfe einer kostengünstigen Beschaffung wird die grundsätzliche Voraussetzung für eine erfolgreiche Leistungsbereitstellung und die Aufrechterhaltung der Wettbewerbsfähigkeit ermöglicht. Mittels einer zweckmäßigen Lagertechnik, einer Erhöhung des Lagerumschlags und der damit einhergehenden Senkung der Lagerbestände und der Kapitalbindung trägt die Lagerwirtschaft zur Verbesserung der Liquidität bei.

Bei der Entwicklung einer Beschaffungsstrategie findet zunächst eine Klassifizierung der Beschaffungsartikel (z. B. strategischer vs. unkritischer Artikel) statt. Es folgt eine Analyse des Beschaffungsmarktes (→Beschaffungsmarktforschung; existiert eine Angebots- bzw. Nachfragemacht?). Anschließend wird das eigene Unternehmen strategisch positioniert (soll das eigene Unternehmen aufgrund der Marktsituation aktiv oder passiv handeln?). Abschließend werden Aktionspläne aufgestellt (Wie soll das Unternehmen mit Mengen, Preisen, Beständen etc. umgehen?).

Bei der Entwicklung der Beschaffungsstruktur wird festgelegt, inwiefern das Unternehmen weltweite Kostenunterschiede nutzen sollte oder sich auf lokale Märkte beschränken sollte. Es wird die optimale Anzahl verschiedener Lieferanten für dieselben Teile ermittelt. Es wird die Wertschöpfungstiefe angesichts von Variantenvielfalt und unternehmerischer Komplexität festgelegt. Es werden Verkehrsträger ausgewählt. Auch wird die Zulieferstruktur (z. B. Gebietsspediteur, Zentrallagerkonzept) festgelegt.

Bei der Entwicklung des Beschaffungskonzeptes kann zwischen Einzelfallbeschaffung, Vorratsbeschaffung und produktionssynchroner Beschaffung (just in time / just in sequence) aufgrund aktueller Verbrauchsmengen gewählt werden.

2.2. Produktionslogistik

Der Begriff Produktionslogistik als Teil der Produktion und der Logistik bezeichnet in der Betriebswirtschaftslehre die Planung, Steuerung und Kontrolle der innerbetrieblichen Transport-, Umschlag- und Lagerprozesse.

Die Produktionslogistik verfolgt als primäres Ziel, die Produktion an den Marktbedürfnissen und den übergeordneten Zielen eines Unternehmens auszurichten. Um diese Ziele zu erreichen, werden Produktionsstrategien, wie zum Beispiel die der Fertigungsinsel entwickelt. Sie sollen dazu beitragen, die Fertigungsplanungs- und Fertigungssteuerungsprozesse optimal zu gestalten und günstige Rahmenbedingungen dafür zu schaffen.

Folgende Haupteinflussgrößen der Produktionslogistik sind zu unterscheiden:
* Produktentwicklung
* Produktstruktur
* Produktionsstruktur

2.3. Distributionslogistik

Die Absatzlogistik umfasst die Gestaltung, Steuerung und Kontrolle aller Prozesse der Distributionspolitik, die notwendig sind, um Güter (Fertigprodukte und Handelswaren) von einem Industrie oder Handelsunternehmen zu dessen Kunden zu überführen.

Den Distributionskanal bilden dabei die unternehmenseigenen und –fremden Organisationseinheiten, die den physischen Weg der Waren und den Verkauf gewährleisten, indem sie Funktionen im Distributions- und Verkaufsprozess wahrnehmen. Unter diesen Institutionen kommt vor allem den Handelsunternehmen eine besondere Bedeutung zu. Die Absatzlogistik hängt maßgeblich mit der Gestaltung der Distributionskanäle zusammen, da der gewählte Absatzweg die Anzahl der Empfangspunkte festlegt, die vom Logistiksystem des Herstellers zu bedienen sind.

Im Allgemeinen beziehen sich Logistikziele stets auf die Kosten und Leistungen der Logistik. Das Hauptziel der Absatzlogistik ist die Minimierung der Logistikkosten der Distribution unter Einhaltung eines definierten Lieferserviceniveaus.

Der Lieferservice besteht aus einem Bündel verschiedener Indikatoren, die der differenzierten Messung der Distributionsleistung dienen. Er stellt die logistische Hauptleistung des Distributionssystems dar. Grundsätzlich unterteilt sich der Lieferservice in folgende vier Grundkomponenten:
* Lieferzeit
* Lieferzuverlässigkeit
* Lieferungsbeschaffenheit
* Lieferflexibilität

2.4. Entsorgungslogistik

Unter Entsorgungslogistik versteht man sämtliche logistische Maßnahmen zur Vorbereitung und Durchführung der Entsorgung. Der Begriff beinhaltet alle planenden und ausführenden Tätigkeiten, die sich auf die Verwendung, Verwertung und geordneten Beseitigung der Entsorgungsobjekte bezieht.

Die Aufgabe der Entsorgungslogistik besteht in der räumlichen und zeitlichen Transformation von Rückständen. Rückstände sind alle Teile des betrieblichen Outputs, die bei den jeweiligen Prozessen zwangsläufig anfallen, aber nicht in das Endobjekt einfließen. Beispiele dafür wären nicht mehr verwendete Rohstoffe, Hilfsstoffe oder Betriebsstoffe.

Die Entsorgungslogistik hat sowohl ökonomische als auch ökologische Ziele. Ökonomische Ziele sind beispielsweise die Reduzierung von Logistikkosten. Ökologische Ziele setzen sich zusammen aus der Schonung der natürlichen Ressourcen und der Minimierung der Emissionen im Rahmen entsorgungslogistischer Prozesse.

Sowohl Zielsetzungen als auch Aufgaben der Entsorgungslogistik werden durch gesetzliche Bestimmungen definiert. Vor allem im Bezug auf die Reihenfolge der Rückstandsbehandlung findet sich eine Fülle von gesetzlichen Vorschriften.

3. Supply Chain Management

Populär wurde SCM seit Procter & Gamble gemeinsam mit WalMart daran gingen, praktisch zu erproben, ob und wie für beide Seiten die Transparenz der Lieferbeziehungen und grenzenüberschreitendes Denken zum Vorteil gereichen könne.

Liegt das Produkt (Pampers) nicht im Verkaufsregal
- wechseln 22 % der Kunden das Produkt (nicht im Interesse P & G)
- wechseln 46 % der Kunden das Geschäft (nicht im Interesse WalMart)

Trotz der Vorteile wird ausführliches SCM nicht bei übermäßig vielen Unternehmen angewendet. Aus der Andler Formel ergibt sich eine optimale Losgröße für beide Unternehmen, jedoch wird ein Unternehmen dadurch immer schlechter hingestellt, als das andere. Zum anderen werden die Kosten nicht gerecht aufgeteilt.

3.1 Grundbegriffe und Ziele des Supply Chain Management

Supply Chain Management bezeichnet die Planung, Durchführung, Kontrolle und Steuerung des Material- und Informationsflusses entlang der Lieferkette.

Wesentliche Ziele des Supply Chain Management:
- Deckung der Nachfrage bei Endkunden
- Erhöhung der Flexibilität im Hinblick auf eine bedarfsgerechte Produktion
- Reduzierung von Durchlaufzeiten
- Senkung der Herstellungskosten
- Optimierung der Lagerbestände in der gesamten Lieferkette
- Reduzierung des Gesamtrisikos für alle Teilnehmer der Lieferkette
- Erhöhung der Lieferfähigkeit und Liefertreue
- Verbesserung der Kapazitätsauslastung

Struktur einer Supply Chain:

Wesentliche Maßnahmen des Supply Chain Management:
- Intensivierung der zwischenbetrieblichen Kooperation und Koordination
- Neugestaltung der unternehmensübergreifenden Geschäftsprozesse
- Beschleunigung der Informationsflüsse, Erhöhung der Informationsqualität
- Konsequente Ausrichtung auf den Kunden
- Anpassung des Produktdesigns

3.2. Der „Bullwhip- bzw. Peitscheneffekt"

- Aussage: zunehmende Varianz der Bestellvolumina entlang einer Versorgungskette
- Schwankungen von 3-5% in der Endkonsumentennachfrage können zu Schwankungen in der Nachfrage bei Rohstoffherstellern von 30-50% führen
- Folge:
  - ○ Steigerung des Risikos
  - ○ Erhöhung der Lagerbestände, Ausweitung der Produktionskapazitäten
  - ○ Erhöhung der Kapitalbindung, z.T. ineffiziente Ressourcenausnutzung

Ursachen:
- Verzögerungen im Informationsfluss und gleichzeitige Bestellungen verschiedener Elemente der Versorgungskette
- Schlechte Prognosen (mangelhafte Information über die Gründe der veränderten Endkundennachfrage)
- Erwartete Preissteigerungen

Gegenmaßnahmen:
- Zentrale Instanz mit der Steuerung beauftragen
- Logistik anpassen
- Gemeinsame Prognosen und verbesserter Informationsaustausch

3.3. Efficient Replenishment

Probleme, die in der Konsumgüterindustrie zu Efficient Replenishment geführt haben:
- Zu bestimmten Zeiten in bestimmten Geschäften nicht verfügbare Produkte
- Zu anderen Zeiten hohe Lagerbestände
- Relativ lange Bestell- und Lieferzeiten
- Kurzfristige ad-hoc-Lieferungen mit hohen Prozess- und Transportkosten
- Schubweise Bestellung
- Schlechte Planbarkeit der Produktion und Lagerhaltung für den Hersteller

Efficient Replenishment:
- „effiziente Versorgung", kontinuierlicher Warennachschub"
- „Vom Hersteller und Händler gemeinsam betriebene Optimierung der Logistikkette über Unternehmensgrenzen hinweg."
- Ziele:
  - ○ Erhöhung der Lieferbereitschaft
  - ○ Reduktion der Prozesskosten
- Wesentliches Hilfsmittel: Vendor Managed Inventory

Beim Vendor Managed Inventory ist ein Lieferant für die Verfügbarkeit seiner Produkte im Lager des Kunden verantwortlich. Dafür erhält er die notwendigen Lager- und Verbrauchsdaten.

Ziele:
- Erhöhung der Lieferfähigkeit
- Verbesserung der Informationslage beim Lieferanten
- Reduzierung der Kapitalbindung
- Reduzierung des Bullwhip Effektes
- Reduzierung der Personalkosten bei Außendienstmitarbeitern

4. Kontraktlogistik

Unter Kontraktlogistik wird ein Geschäftsmodell verstanden, das auf einer langfristigen, arbeitsteiligen Kooperation zwischen einem Hersteller von Gütern und einem Logistikdienstleister basiert, die durch einen Dienstleistungsvertrag (Kontrakt) geregelt ist.

Kontraktlogistik-Dienstleister übernehmen logistische und logistiknahe Aufgaben entlang der Wertschöpfungskette und stellen das Bindeglied zwischen sämtlichen Wertkettenbeteiligten dar. Daher rührt die Bezeichnung Systemdienstleister, die äquivalent zu Kontraktlogistik Dienstleister verwendet wird. Logistikdienstleister sind in das Wertkettensystem integriert.

In der anglo-amerikanischen Literatur wird im Zusammenhang mit Kontraktdienstleistungen von 3PL (Third Party Logistics) gesprochen.
Bei Third Party Logistics Providern (Abkürzung: 3PL) handelt es sich um firmenexterne Logistikdienstleister. Ihre Kernkompetenz ist die Übernahme von Transport und Lagerung von ihren Kunden. Third Party Logistics Anbieter kümmern sich aber zunehmend um darüber hinausgehende Dienstleistungen und Services.

Im Unterschied zu Fourth Party Logistics und ASP (Application Service Provider) besitzen 3PL Dienstleister eigene Assets im Bereich der klassischen Prozesse Transport, Umschlag und Lagerung. 4PL Anbieter haben demnach keine eigenen LKWs und Lagerhallen, sondern stellen nur ihr Know-how zur Verfügung (z.B.: Fuhrparkmanagement).

Von Fourth Party Logistics spricht man in der Logistik, um einen Dienstleister zu beschreiben, der keine eigenen Assets (also keine eigenen Fahrzeuge oder anderweitige logistische Ausrüstungen) besitzt, aber die Koordination und Zusammenfassung von Dienstleistungsangeboten verschiedener Logistikdienstleister übernimmt. Die konkrete Aufgabe eines 4PL besteht also darin, ohne eigene Betriebsmittel die Steuerungs- und Integrationsfunktion innerhalb der Supply Chain zu übernehmen.
Unternehmen wollen heute ihre Produkte weltweit verkaufen und gleichzeitig von allen Kontinenten Rohstoffe beziehen. Die wichtigste Aufgabe eines 3PL Providers besteht daher im Transport all dieser Güter.

Viele 3PL Kunden gehen noch einen Schritt weiter und übergeben auch die Lagerung ihrer Güter. Aufgrund der Komplexität der Distributionsanforderungen übernehmen 3PL Anbieter auch noch eine Reihe weiterer Aufgaben ("value-added services"). Sie sind Spezialisten für die Zollabfertigung und für die Weiterleitung von Fracht. Manchmal nehmen sie auch selber Bestellungen auf und bearbeiten die Aufträge.
Ein 3PL Provider kann die Fakturierung übernehmen und die Bezahlung überwachen. Viele Unternehmen bieten auch die Montage, die Verpackung und das Etikettieren der Ware an.

Auch die Retourenannahme und Reparaturen können über ein 3PL Unternehmen abgewickelt werden. Weiters gehören auch Beratungstätigkeiten zu ihrem Aufgabenfeld.

Vorteile für den Kunden:

- Kosten- und Zeitersparnis: Aufgrund der Größe und der Erfahrung können Third Party Logistics Provider viel effizienter arbeiten, als es die Kunden selber zu Stande bringen würden. Befragungen der Unternehmen haben ergeben, dass die Logistikkosten durch die Auslagerung um durchschnittlich 10% gesunken sind, während sich die Lieferzeit um 30% verkürzt hat.

- Niedrige Kapitalbindung: Die Kunden können außerdem ihr gebundenes Kapital stark reduzieren, da sie kein eigenes Lager und keine eigene Flotte kaufen müssen. Indem der Logistik-Bereich ausgelagert wird, kann der Kunde den Fokus auf seine eigentlichen Kernkompetenzen legen.

- Flexibilität: Besonders vorteilhaft sind 3PL auch dann, wenn der eigene Bedarf während des Jahres stark schwankt. Ein eigenes Lager ist in solchen Fällen sehr schlecht ausgelastet.

- Erfahrung: Kunden profitieren vom großen Branchen – Know-how des Logistikdienstleisters. Diese haben meist globale Netzwerke aufgebaut, die der Kunde zu seinem Vorteil einsetzen kann.

Es gibt weltweit sehr viele verschiedene Anbieter. Einige der bekanntesten Third Party Logistics Provider sind:

- UPS Supply Chain Solutions
- TNT
- Schenker

5. Konzepte der Materialbereitstellung

5.1. Just-in-Time

Der Begriff Terminsynchronität oder englisch Just in Time bezeichnet in der Produktionslogistik ein Konzept zur Materialbereitstellung, das auf die Verkleinerung der Zwischenlager und eine allgemeine Rationalisierung des Produktionsprozesses abzielt. Durch die Einsparung von Lagerhaltungsflächen und -kosten wird Just in Time indirekt auch zu einer unternehmerischen Methode zur Kostensenkung in der Materialwirtschaft und Beschaffungslogistik. Das Prinzip funktioniert folgendermaßen:

Güter oder Bauteile werden von den Zulieferbetrieben erst bei Bedarf - zeitlich möglichst genau berechnet - direkt ans Montageband geliefert. Dazu wird mit einem gewissen Vorlauf die benötigte Menge vom Fließband zurückgemeldet und bestellt. Der Zulieferer muss sich vertraglich verpflichten, innerhalb dieser Vorlaufzeit zu liefern. Am Produktionsort selbst wird also nur soviel Material gelagert, wie unbedingt nötig ist, um die Produktion gerade noch aufrecht zu halten. Dadurch entstehen beim Produzenten nur direkt am Band sehr kleine Lagermengen und es entfallen längere Lagerungszeiten.

Vorteile:
- zum Teil erhebliche Minimierung der Durchlaufzeiten
- Abbau der (überflüssigen) Lagerbestände
- Kostenersparnisse (Lagerhaltung, Personal,...)
- Reduzierung des gebundenen Kapitals
- Kontinuierlicher Verbesserungsprozess (KVP),
- Qualitätsmanagement (ISO 9000-Zertifizierung): Verbesserung der Produktionsabläufe

Nachteile:

a) Aus Sicht der Allgemeinheit
- Erhöhtes Verkehrsaufkommen

b) Aus Sicht der Auftraggeber
- Single Sourcing (Abhängigkeit vom Auftragnehmer)
- Krisenanfälligkeit (Produktionsausfall bei Versagen der Lieferkette)
- Keine Abnehmer-Qualitätskontrolle
- Ständiger Informationsaustausch erforderlich

c) Aus Sicht der Auftragnehmer
- Abhängigkeit vom Auftraggeber
- Konventionalstrafen bei Nichteinhaltung des Liefertermins
- Kosten der Qualitätskontrolle

5.2. Just-in-Sequence

Der Begriff Just in Sequence (JIS) stammt aus der Produktionslogistik. Man spricht von JIS, wenn Teile zu dem Zeitpunkt, zu dem sie verbaut werden sollen, durch einen externen Lieferanten in der richtigen Reihenfolge (sequenzgerecht) angeliefert werden. JIS wird vor allem in der Automobilindustrie eingesetzt. Die Vorlaufzeit beträgt etwa 40 Stunden auf 90 Minuten genau. Zur Steuerung von JIS werden Sequence-Inlining-Systeme eingesetzt. Das Just-in-Sequence-Konzept (JIS) ist eine Weiterentwicklung des Just in time-Gedankens. Bei der Bereitstellung nach dem JIS-Verfahren sorgt der Zulieferer nicht nur dafür, dass die benötigten Module rechtzeitig in der notwendigen Menge angeliefert werden, sondern auch, dass die Reihenfolge (Sequence) der benötigten Module stimmt.

Als Beispiel für eine JIS-Anlieferung kann die Endmontage von Automobilen betrachtet werden. Durch das Aufsetzen der lackierten Karosserien auf das Endmontageband ist die Reihenfolge der Fahrzeuge festgelegt. Werden zum Beispiel die Außenspiegel per JIS Anlieferung bereitgestellt, sind diese bereits so nach Farben sortiert, wie die Fahrzeuge auf dem Montageband. Der Mitarbeiter in der Montage braucht entsprechend nur den ersten Spiegel aus dem Transportbehälter zu greifen und hat automatisch die Farbe in der Hand, die er für das nächste Fahrzeug benötigt. Anwendung findet diese Belieferungsform meist bei Teilen, die je nach Konfiguration des zu bauenden Fahrzeugs stark variieren können, also z. B. Lackteile aber speziell bei Fahrzeugen der Mittel- und Oberklasse auch Teile des Fahrzeug-Innenraums. Das Lagern aller Varianten würde große Lagerkosten bedeuten.

6. Verkehrslogistik

3 Ziele Verkehr allgemein: Bündelung, Vermeidung, Verlagerung auf andere Verkehrswege, ökologisch

Es gibt drei Ziele in der Verkehrslogistik, die man erreichen möchte:

*   Vermeidung von Verkehr, z.B. durch Wegfall von Transporten. Denkbar sind Maßnahmen der Standortoptimierung bis hin zum Logistikmanagement
*   Verlagerung von Verkehr von der Strasse auf die Schiene und/oder Wasserstrasse
*   Bündelung des Verkehrs durch Milk Run (Sammelfahrt)

Auslöser des Milk Run war die Firma Metro. Dadurch, dass sie von den Lieferanten selbst die Warenabholung organisiert und durchführt, kann eine 30% höhere Füllung der LKWs erreicht werden auf circa. 80-90%. Dadurch werden die Kosten erheblich gesenkt.

7. Verpackung

Viele Produkte, insbesondere Lebensmittel, können ohne Verpackung nicht gelagert, verteilt oder verkauft werden. Die Verpackung formt aus einer oder mehreren Produkteinheiten eine Logistische Einheit und unterstützt damit Prozesse der Logistik und des Handels. Dazu muss sie verschiedene Funktionen erfüllen:

*   Schutzfunktion: Die Verpackung soll die Ware selbst vor Umwelteinflüssen, Beschädigungen und Mengenverlust schützen. Daneben schützt die Verpackung auch den Mensch vor Verletzungen.
*   Lagerfunktion: Mit Hilfe geeigneter Verpackungen lässt sich die Ware leichter, sicherer und schneller lagern.
*   Lade- und Transportfunktion: Währen des Transports soll die Verpackung verhindern, dass die Ware übermäßigen Beanspruchungen ausgesetzt wird. Die Normung kann sogar so weit gehen, dass die Maße der Packmittel genau auf die Maße der Transportmittel abgestimmt werden.
*   Verkaufsfunktion: Eine Verkaufsfunktion leistet die Verpackung durch ihre Gestaltung.
*   Informationsfunktion: Die Verpackung kennzeichnet das Produkt nach Art, Menge, Gewicht und Preis.

8. Sonstiges

Moderne Logistik in der Aufwandsklemme:
Kürzerer Lieferzeiten – kleinere Bestellmengen – Erhöhter Aufwand für Auftragsbearbeitung, Kommissionierung, Verpackung – Erhöhter Aufwand im Wareneingang – Erhöhter Bestellaufwand.

Cross-Docking:
Methode um den Aufwand für Umschlagvorgänge zu minimieren. Die Waren werden bereits beim Versand empfängerbezogen vorkommissioniert. Am Umschlagplatz kann die Ware dann ohne weitere Ein-/Auslagerungen direkt weiter versandt werden.

Kommissionieren:
Zusammentragen der gemäß einer Kundenbestellung oder eines Rüstauftrages nachgefragten Artikel.